AF166072

Inhaltsverzeichnis

1

Pizza Margherita

Zutaten
Teig

400g Mehl	40g frische Hefe
1 TL Zucker	200ml handwarmes Wasser
1 TL Salz	

Belag

800g Tomaten	1 Bund Basilikum
250g Mozzarella	5og Olivenöl
Salz	Pfeffer

Zubereitung
Hefe, Zucker und Wasser in den Mixtopf geben. Auf Stufe
3/ 15 Sekunden durchmixen. Jetzt die übrigen Teigzutaten
hinzufügen und 2 Minuten auf Knetstufe bearbeiten. Den
Teig aus den Mixtopf nehmen und nochmals kurz
durchkneten. 20 Minuten gehen lassen. In der
Zwischenzeit den Belag vorbereiten. Dazu den Mixtopf
ausspülen. Den Thermomix auf Stufe 5 einschalten, den
Mixbecher entfernen und das Basilikum in das laufende
Messer fallen lassen und zerkleinern. Nun das Öl, die
Tomaten, Salz und Pfeffer hinzufügen und 20 Sekunden /
Stufe 5 durchmixen. Mozzarella in Scheiben schneiden.
Nun auf einer bemehlten Fläche den Teig ausrollen und auf
ein mit Backpapier ausgelegtes Backblech geben. Den Teig
mit der Sauce belegen und Mozzarella darüber geben. Nun
bei 180 Grad ca. 25 Minuten backen.

Pizza Capricciosa

Zutaten
Teig

400g Mehl	1 Würfel Hefe
1 TL Zucker	200 ml handwarmes Wasser
1 TL Salz	

Belag

500g Tomaten	200g Kochschinken
4 Sardellenfilets	8 Artischockenherzen
40g Öl	150g schwarze Oliven
Salz	Pfeffer

Zubereitung
Hefe, Zucker und Wasser in den Mixtopf geben. Auf Stufe
5/ 20 Sekunden vermischen. Die übrigen Zutaten für den
Teig hinzugeben. Den Teig herausnehmen und in einer
bemehlten Schüssel 30 Minuten gehen lassen. In der
Zwischenzeit den Mixtopf spülen. Nun die Tomaten, das Öl
sowie Salz und Pfeffer nach Geschmack in den Topf geben
und auf höchster Stufe 30 Minuten zerkleinern. Den Teig
auf einer bemehlten Fläche ausrollen und auf ein mit
Backpapier belegtes Backblech geben. Den Inhalt aus dem
Mixtopf darauf verteilen. Nun die übrig gebliebenen
Zutaten zerkleinern und auf die Pizza verteilen. 25 Minuten
bei 180 Grad backen.

Pizza Quattro Stagioni

Zutaten
Teig

400g Mehl	1 Würfel Hefe
1 TL Zucker	200 ml handwarmes Wasser
1 TL Salz	

Belag

250g frische Champignons	2 EL Butter
200g Kochschinken	8 Artischockenherzen
4 große Tomaten	60g Olivenöl
Salz	150g schwarze Oliven
Pfeffer	250g Mozzarella

Zubereitung
Hefe, Zucker und Wasser in den Mixtopf geben. Auf Stufe 5/ 20 Sekunden vermischen. Die übrigen Zutaten für den Teig hinzugeben. Den Teig herausnehmen und in einer bemehlten Schüssel 30 Minuten gehen lassen. In der Zwischenzeit den Mixtopf spülen. Nun die Tomaten, das Öl und die Butter sowie Salz und Pfeffer nach Geschmack in den Topf geben und auf höchster Stufe 30 Minuten zerkleinern. Den Teig auf einer bemehlten Fläche ausrollen und auf ein mit Backpapier belegtes Backblech geben. Den Inhalt aus dem Mixtopf darauf verteilen. Nun die übrig gebliebenen Zutaten zerkleinern und auf die Pizza verteilen. 25 Minuten bei 180 Grad backen.

Pizza Al Funghi E Prosciutto

Zutaten
Teig

400g Mehl	1 Würfel Hefe
1 TL Zucker	200 ml handwarmes Wasser
1 TL Salz	

Belag

375g Mozzarella	500g Dosentomaten
$\frac{1}{2}$ Bund Petersilie	250g Kochschinken
500g Champignons	Salz
Pfeffer	

Zubereitung
Hefe, Zucker und Wasser in den Mixtopf geben. Auf Stufe 3/ 15 Sekunden durchmixen. Jetzt die übrigen Teigzutaten hinzufügen und 2 Minuten auf Knetstufe bearbeiten. Den Teig aus den Mixtopf nehmen und nochmals kurz durchkneten. 20 Minuten gehen lassen. In der Zwischenzeit den Belag vorbereiten. Dazu den Mixtopf ausspülen.
Den Mixtopf auf Stufe 5 anstellen und den Mixbecher entfernen. Die Petersilie in das offene Messer fallen lassen. Nun die Dosentomaten hinzugeben, sowie Salz und Pfeffer. Die übrig gebliebenen Zutaten zerkleinern und beiseite stellen. Den Teig auf einer bemehlten Fläche ausrollen und auf ein mit Backpapier ausgekleidetes Blech geben. Die Zutaten aus dem Mixtopf darauf verteilen. Nun mit den klein geschnittenen Zutaten ansprechend belegen. Bei 180 Grad ca. 30 Minuten backen.

6

Pizza Campofranco

Zutaten
Teig

300g Weizenmehl	20g Hefewürfel
1 TL Zucker	6 EL lauwarme Milch
2 Eier	150g Butter

Belag

4 große Tomaten	50g Olivenöl
Salz	Pfeffer
250g Mozzarella	150g roher Schinken
50g geriebener Pecorino	

Zubereitung
Hefe, Zucker, Milch und Eier in den Mixtopf geben. Auf
Stufe 5/ 15 Sekunden vermischen. Nun die übrigen Zutaten
hineingeben und auf Teigstufe 2 Minuten kneten. In eine
Schüssel umfüllen und 30 Minuten gehen lassen.
Den Mixtopf spülen. Nun die Tomaten, das Olivenöl, Salz
und Pfeffer in den Mixtopf geben und 1 Minute auf Stufe 5
zerkleinern. Den Teig auf einer bemehlten Fläche ausrollen
und in 2 Teilen teilen. Einen Teil des Teiges auf ein mit
Backpapier ausgelegtes Backblech legen. Die restlichen
Zutaten für den Belag und den Inhalt des Mixtopfes
darauf verteilen. Nun die andere Hälfte des Teiges auf den
belegten Boden legen. 35 Minuten bei 180 Grad backen.

Sfincioni Alla Siciliana

Zutaten

Teig

400g Mehl	1 Würfel Hefe
1 TL Zucker	200 ml handwarmes Wasser
1 TL Salz	1 EL Olivenöl

Belag

500g Tomaten	40g Olivenöl
2 Knoblauchzehen	1 TL Basilikum
1 TL Oregano	Salz
Pfeffer	2 große Zwiebeln
200g Salami	200g geriebener Käse

Zubereitung

Hefe, Zucker und Wasser in den Mixtopf geben. Auf Stufe 5/ 20 Sekunden vermischen. Die übrigen Zutaten für den Teig hinzugeben. Alles nochmals 2 Minuten auf Teigstufe kneten. Den Teig herausnehmen und in einer bemehlten Schüssel 30 Minuten gehen lassen. In der Zwischenzeit den Mixtopf spülen.

Nun den Mixtopf auf Stufe 5 Stellen und den Mixbecher entfernen. Die Knoblauchzehen ins laufende Messer fallen lassen, die Zwiebeln ebenfalls. Die Tomaten, das Olivenöl und die Gewürze hinzugeben. Auf Stufe 5/ 30 Sekunden mixen. Die Salami zerkleinern. Nun den Teig ausrollen. Ein Backblech mit Backpapier auskleiden und den Teig hinauf geben. Nun mit dem Inhalt des Mixtopfes bestreichen. Die Salami und den Käse darauf streuen. Ca. 30 Minuten bei 180 Grad backen.

Pizza Alle Vongole

Zutaten

Teig
400g Mehl	1 Würfel Hefe
1 TL Zucker	200 ml handwarmes Wasser
1 TL Salz	1 EL Olivenöl

Belag
$\frac{1}{2}$ Bund Petersilie	$\frac{1}{2}$ Bund Basilikum
4 Knoblauchzehen	$1\frac{1}{2}$ kg frische Muscheln
500g Tomaten	Salz
Pfeffer	40g Olivenöl
150ml trockener Prosecco	

Zubereitung
Hefe, Zucker und Wasser in den Mixtopf geben. Auf Stufe 5/ 20 Sekunden vermischen. Die übrigen Zutaten für den Teig hinzugeben. Nochmals 2 Minuten auf Teigstufe kneten. Den Teig herausnehmen und in einer bemehlten Schüssel 30 Minuten gehen lassen. In der Zwischenzeit den Mixtopf spülen.
Nun den Mixtopf auf Stufe 5 Stellen und den Mixbecher entfernen. Die Knoblauchzehen und die Kräuter ins offene Messer fallen lassen. Nun die Tomaten, das Öl, die Gewürze und den Prosecco hinzugeben. Alles auf höchster Stufe 20 Sekunden mixen.

Ein Backblech mit Backpapier belegen. Den Teig auf einer bemehlten Fläche ausrollen. Jetzt den Teig auf das Backpapier legen. Mit dem Inhalt des Mixtopfes bestreichen. Mit den übrig gebliebenen Zutaten belegen und ca. 25 Minuten bei 180 Grad backen.

Pizza Al Tonno

Zutaten
Teig

400g Mehl	1 Würfel Hefe
1 TL Zucker	200 ml handwarmes Wasser
1 TL Salz	1 EL Olivenöl

Belag

2 Zwiebeln	2 Knoblauchzehen
400g Tomaten	40g Olivenöl
Salz	3 Sardellenfilets
1 EL Kapern	3 Dosen Thunfisch in Öl
50g schwarze Oliven	

Zubereitung
Hefe, Zucker und Wasser in den Mixtopf geben. Auf Stufe 3/ 15 Sekunden durchmixen. Jetzt die übrigen Teigzutaten hinzufügen und 2 Minuten auf Knetstufe bearbeiten. Den Teig aus den Mixtopf nehmen und nochmals kurz durchkneten. 20 Minuten gehen lassen. In der Zwischenzeit den Belag vorbereiten. Dazu den Mixtopf ausspülen.
Den Mixtopf auf Stufe 5 anstellen und den Mixbecher entfernen. Die Knoblauchzehen und die Zwiebeln ins offene

Messer fallenlassen. Nun die Gewürze, Tomaten und das Öl hinzugeben. 20 Sekunden / Stufe 5. Den Teig ausrollen und auf ein mit Backpapier ausgelegtes Blech legen. Den Inhalt des Mixtopfes auf den Teig streichen. Die übrigen Zutaten ansprechend auf die Pizza verteilen. Alles 30 Minuten bei 180 Grad backen.

Pizza Alla Gorgonzola

Zutaten

Teig
400g Mehl	1 Würfel Hefe
1 TL Zucker	200 ml handwarmes Wasser
1 TL Salz	1 EL Olivenöl

Belag
400g Dosentomaten	Pfeffer
2 TL italienische Kräuter	40g Olivenöl
300g Gorgonzola	

Zubereitung
Hefe, Zucker und Wasser in den Mixtopf geben. Auf Stufe 3/ 15 Sekunden durchmixen. Jetzt die übrigen Teigzutaten hinzufügen und 2 Minuten auf Knetstufe bearbeiten. Den Teig aus den Mixtopf nehmen und nochmals kurz durchkneten. 20 Minuten gehen lassen. In der Zwischenzeit den Belag vorbereiten. Dazu den Mixtopf ausspülen.

Alle Zutaten außer Gorgonzola in den Mixtopf geben. Auf Stufe 5/ 1 Minute durchmixen. Den Teig ausrollen und auf ein mit Backpapier ausgelegtes Blech legen. Den Inhalt des Mixtopfes auf den Teig streichen. Jetzt den Gorgonzola zerbröckeln und über die Pizza streuen. Alles bei 180 Grad 30 Minuten backen.

Cabanossi-Champignon-Pizza

Teig

400g Mehl	1 Würfel Hefe
1 TL Zucker	200 ml handwarmes Wasser
1 TL Salz	1 EL Olivenöl
groben schwarzen Pfeffer	

Belag

4 Knoblauchzehen	1 Zwiebel
1 rote Parikaschote	1 Chilischote
300g Cabanossi	400g geschälte Tomaten
Salz	Cayennepfeffer
Schwarzer Pfeffer	250g geriebener Cheddar

Zubereitung

Hefe, Zucker und Wasser in den Mixtopf geben. Auf Stufe 3/ 15 Sekunden durchmixen. Jetzt die übrigen Teigzutaten hinzufügen und 2 Minuten auf Knetstufe bearbeiten. Den Teig aus den Mixtopf nehmen und nochmals kurz durchkneten. 20 Minuten gehen lassen. In der Zwischenzeit den Belag vorbereiten. Dazu den Mixtopf ausspülen.

Den Mixtopf auf Stufe 5 anstellen und den Mixbecher entfernen. Die Zwiebel, die Knoblauchzehen, die Chilischote und die Paprikaschote in das laufende Messer fallen lassen. Die Tomaten und die Gewürze hinzugeben und 1 Minute auf höchster Stufe mischen. Den Teig ausrollen und auf ein mit Backpapier ausgelegtes Blech legen. Den Inhalt des Mixtopfes auf den Teig streichen. Nun die Cabanossi und den Cheddar auf die Pizza geben. 35 Minuten bei 180 Grad backen.

Kasseler-Salami-Pizza

Zutaten
Teig

450g Mehl	300g Vollmilch-Joghurt
1 Würfel Hefe	20g Olivenöl
1 TL Zucker	1 TL Salz

Belag

200g Emmentaler	150g Salami
200g Kasseler	1 Ecke Schmelzkäse
150g Sahne	4 EL Ketchup
Pfeffer	2 TL Pizzagewürz
2 EL Butter	

Zubereitung
Hefe, Zucker, Joghurt, Öl, Zucker und Salz in den Mixtopf geben und auf Stufe 5/ 30 Sekunden mixen. Nun das Mehl hinzugeben und nochmals 2 Minuten auf Knetstufe vermischen. Jetzt in eine bemehlte Schüssel geben. Der Mixtopf sollte gespült werden.
Nun die Sahne, den Schmelzkäse, den Ketchup, die Butter und Gewürze in den Mixtopf geben. 20 Sekunden auf Stufe 3 mischen.
Den Teig ausrollen und auf ein mit Backpapier ausgelegtes Blech legen. Den Inhalt des Mixtopfes auf den Teig streichen.
Die übrigen Zutaten auf die Pizza geben und 30 Minuten bei 180 Grad backen.

Bohnen-Speck-Pizza

Zutaten
Teig

150g Magerquark	50g Milch
35g Öl	1 TL Salz
350g Vollkornmehl	1 Päckchen Backpulver

Belag

1 Stange Lauch	150g Schinkenspeck gewürfelt
200g rote Bohnen	30g Olivenöl
200g Tomaten	
passiert	300g geriebener Käse
Salz	Pfeffer
Paprikagewürz	
Edelsüß	

Zubereitung
Alle Teigzutaten zusammen in den Mixtopf geben und auf
hächster Stufe 15 Sekunden vermischen. Danach nochmals
2 Minuten auf Teigstufe durchkneten. Alles umfüllen und
den Mixtopf säubern. Nun die Tomaten, Salz, Pfefer und
Paprikagewürz in den Mixtopf geben und auf Stufe 1/ 30
Sekunden rühren.
Den Teig ausrollen und auf ein mit Backpapier ausgelegtes
Blech legen. Den Inhalt des Mixtopfes auf den Teig
streichen.
Die übrigen Zutaten auf die Pizza geben und 30 Minuten
bei 180 Grad backen.

Hackfleisch-Mais-Pizza

Zutaten

Teig

400g Mehl	1 Würfel Hefe
1 TL Zucker	200 ml handwarmes Wasser
1 TL Salz	1 EL Olivenöl

Belag

500g Tomaten	1 Zwiebel
1 Dose Mais	40g Olivenöl
300g Rinderhack angebraten	
100g Salami	schwarzer Pfeffer
Salz	250g geriebener Käse

Zubereitung

Hefe, Zucker und Wasser in den Mixtopf geben. Auf Stufe 3/ 15 Sekunden durchmixen. Jetzt die übrigen Teigzutaten hinzufügen und 2 Minuten auf Knetstufe bearbeiten. Den Teig aus den Mixtopf nehmen und nochmals kurz durchkneten. 20 Minuten gehen lassen. In der Zwischenzeit den Belag vorbereiten. Dazu den Mixtopf ausspülen.

Den Mixtopf auf Stufe 5 anstellen und den Mixbecher entfernen. Die Zwiebel in das laufende Messer fallen lassen. Nun die Tomaten, die Gewürze und das Öl hinzugeben. Auf Stufe 5 / 1 Minute durchmixen.
Den Teig ausrollen und auf ein mit Backpapier ausgelegtes Blech legen. Den Inhalt des Mixtopfes auf den Teig streichen.
Die übrigen Zutaten auf die Pizza geben und 30 Minuten bei 180 Grad backen.

Schinken-Ananas-Pizza

Zutaten
Teig

400g Mehl	1 Würfel Hefe
1 TL Zucker	200 ml handwarmes Wasser
1 TL Salz	1 EL Olivenöl
50g ger. Käse	

Belag

300g frische Pilze	250g Kochschinken
280g Ananas	1 gelbe Paprikaschote
250g Mozzarella	500g Tomaten
Salz	Pfeffer
1 TL Oregano	30g Öl

Zubereitung

Hefe, Zucker und Wasser in den Mixtopf geben. Auf Stufe 3/ 15 Sekunden durchmixen. Jetzt die übrigen Teigzutaten hinzufügen und 2 Minuten auf Knetstufe bearbeiten. Den Teig aus den Mixtopf nehmen und nochmals kurz durchkneten. 20 Minuten gehen lassen. In der Zwischenzeit den Belag vorbereiten. Dazu den Mixtopf ausspülen.
Paprika, Tomaten, Öl und Gewürze in den Mixtopf geben und auf Stufe 5/ 30 Sekunden mixen.
Den Teig ausrollen und auf ein mit Backpapier ausgelegtes Blech legen. Den Inhalt des Mixtopfes auf den Teig streichen. Die übrigen Zutaten ansprechend auf die Pizza verteilen. Alles 30 Minuten bei 180 Grad backen.

Hähnchenpizza

Zutaten
Teig

400g Mehl	1 Würfel Hefe
1 TL Zucker	200 ml handwarmes Wasser
1 TL Salz	1 EL Knoblauchöl
50g ger. Käse	1 TL Oregano

Belag
400g gebratenes
Hühnchen

1 Stange Lauch	200g Sprossen
125g Mascarpone	50g Olivenöl
1 TL Curry	Salz
Pfeffer	250g ger. Käse

Zubereitung
Hefe, Zucker und Wasser in den Mixtopf geben. Auf Stufe
3/ 15 Sekunden durchmixen. Jetzt die übrigen Teigzutaten
hinzufügen und 2 Minuten auf Knetstufe bearbeiten. Den
Teig aus den Mixtopf nehmen und nochmals kurz
durchkneten. 20 Minuten gehen lassen. In der
Zwischenzeit den Belag vorbereiten. Dazu den Mixtopf
ausspülen.
Mascarpone, Olivenöl und die Gewürze in den Mixtopf
geben. Auf Stufe 3/1 Minute verrühren.
Den Teig ausrollen und auf ein mit Backpapier ausgelegtes
Blech legen. Den Inhalt des Mixtopfes auf den Teig
streichen. Die übrigen Zutaten ansprechend auf die Pizza
verteilen. Alles 30 Minuten bei 180 Grad backen.

19

Pizza mit Meeresfrüchten

Zutaten

Teig
450g Mehl	1 Würfel Hefe
1 TL Zucker	$\frac{1}{2}$ Liter Wasser
50g Olivenöl	1 Ei
1 TL Salz	20g Butter

Belag
400g Tomaten	2 Knoblauchzehen
Salz	Pfeffer
400g Shrimps	150g Krebsfleisch
200g Esrom	1 Dose Thunfisch in Öl
1 EL Kräuter	50g Öl

Zubereitung

Hefe, Zucker und Wasser in den Mixtopf geben. Auf Stufe 3/ 15 Sekunden durchmixen. Jetzt die übrigen Teigzutaten hinzufügen und 2 Minuten auf Knetstufe bearbeiten. Den Teig aus den Mixtopf nehmen und nochmals kurz durchkneten. 20 Minuten gehen lassen. In der Zwischenzeit den Belag vorbereiten. Dazu den Mixtopf ausspülen.

Den Mixtopf auf Stufe 5 anstellen und den Mixbecher
entfernen. Die Knoblauchzehen in das laufende Messer
fallen lassen. Nun die Tomaten, die Gewürze und das Öl
hinzugeben. Auf Stufe 5 / 1 Minute durchmixen.
Den Teig ausrollen und auf ein mit Backpapier ausgelegtes
Blech legen. Den Inhalt des Mixtopfes auf den Teig
streichen.
Die übrigen Zutaten auf die Pizza geben und 30 Minuten
bei 180 Grad backen.

Gerstenpizza mit Krabben

Zutaten

Teig

200g Gerstenflocken	300ml kochendes Wasser
300g Mehl	50ml Milch
1 EL Ahornsirup	1 Würfel Hefe
1 TL Salz	20g Olivenöl

Belag

250g frische Pilze	350g Krabben
500g Tomaten	Salz
Pfeffer	Oregano
50g Olivenöl	200g ger. Gouda

Zubereitung

200g Gerstenflocken mit 300ml kochenden Wasser
übergießen. Abkühlen lassen. Hefe, Zucker, Gerste und
Wasser in den Mixtopf geben. Auf Stufe 3/ 15 Sekunden
durchmixen. Jetzt die übrigen Teigzutaten hinzufügen und
2 Minuten auf Knetstufe bearbeiten. Den Teig aus den
Mixtopf nehmen und nochmals kurz durchkneten. 20
Minuten gehen lassen. In der Zwischenzeit den Belag
vorbereiten. Dazu den Mixtopf ausspülen.
Tomaten, Öl und Gewürze in den Mixtopf geben und auf
Stufe 5/ 30 Sekunden mixen.
Den Teig ausrollen und auf ein mit Backpapier ausgelegtes
Blech legen. Den Inhalt des Mixtopfes auf den Teig
streichen. Die übrigen Zutaten ansprechend auf die Pizza
verteilen. Alles 30 Minuten bei 180 Grad backen.

Scampipizza

Zutaten

Teig

400g Mehl	1 Würfel Hefe
1 TL Zucker	200 ml handwarmes Wasser
1 TL Salz	1 EL Knoblauchöl
50g ger. Käse	1 TL Oregano

Belag

400g Tomaten	1 TL Basilikum
5 Knoblauchzehen	50g Olivenöl
500g Scampi	100g Butter
3 Eigelb	5 EL Weißwein
2 EL Tomatenmark	Salz
Pfeffer	

Zubereitung

Hefe, Zucker und Wasser in den Mixtopf geben. Auf Stufe 3/ 15 Sekunden durchmixen. Jetzt die übrigen Teigzutaten hinzufügen und 2 Minuten auf Knetstufe bearbeiten. Den Teig aus den Mixtopf nehmen und nochmals kurz durchkneten. 20 Minuten gehen lassen. In der Zwischenzeit den Belag vorbereiten. Dazu den Mixtopf ausspülen.

Den Mixtopf auf Stufe 5 anstellen und den Mixbecher entfernen. Die Knoblauchzehen in das laufende Messer fallen lassen. Nun die Butter hinzugeben und alles 2 Minuten/ 60 Grad/ Stufe 1 erwärmen. Nun das Tomatenmark, die Tomaten, das Öl, das Eigelb, den Wein und die Gewürze hinzugeben. Alles kräftig auf höchster Stufe 30 Sekunden durchmixen.
Den Teig ausrollen und auf ein mit Backpapier ausgelegtes Blech legen. Den Inhalt des Mixtopfes auf den Teig streichen. Die übrigen Zutaten ansprechend auf die Pizza verteilen. Alles 30 Minuten bei 180 Grad backen.

Lachs-Spinat-Pizza

Zutaten

Teig
400g Mehl   1 Würfel Hefe
1 TL Zucker   200 ml handwarmes Wasser
1 TL Salz   1 EL Olivenöl
50g ger. Käse

Belag
300g Spinat   1 Zwiebel
3 Knoblauchzehen   200g Lachs geräuchert
250g Ricotta   100g Creme Fraiche
100g Sahne   30g Butter
20g Olivenöl   Salz
Pfeffer

Zubereitung

Hefe, Zucker und Wasser in den Mixtopf geben. Auf Stufe
3/ 15 Sekunden durchmixen. Jetzt die übrigen Teigzutaten
hinzufügen und 2 Minuten auf Knetstufe bearbeiten. Den
Teig aus den Mixtopf nehmen und nochmals kurz
durchkneten. 20 Minuten gehen lassen. In der
Zwischenzeit den Belag vorbereiten. Dazu den Mixtopf
ausspülen.

Den Mixtopf auf Stufe 5 anstellen und den Mixbecher
entfernen. Die Knoblauchzehen und die Zwiebel in das
laufende Messer fallen lassen. Nun Creme Fraiche, Butter,
Sahne, und Olivenöl, sowie die Gewürze hinzugeben.
Den Teig ausrollen und auf ein mit Backpapier ausgelegtes
Blech legen. Den Inhalt des Mixtopfes auf den Teig
streichen. Die übrigen Zutaten ansprechend auf die Pizza
verteilen. Alles 30 Minuten bei 180 Grad backen.

Gerstenpizza mit Mais

Zutaten
Teig

200g Gerstenflocken	300ml kochendes Wasser
300g Mehl	50ml Milch
1 EL Ahornsirup	1 Würfel Hefe
1 TL Salz	20g Olivenöl

Belag

50g Olivenöl	200g ger. Gouda
1 Dose Mais	500g Tomaten
1 TL Basilikum	Salz
Pfeffer	Oregano

Zubereitung

200g Gerstenflocken mit 300ml kochenden Wasser übergießen. Abkühlen lassen. Hefe, Zucker, Gerste und Wasser in den Mixtopf geben. Auf Stufe 3/ 15 Sekunden durchmixen. Jetzt die übrigen Teigzutaten hinzufügen und 2 Minuten auf Knetstufe bearbeiten. Den Teig aus den Mixtopf nehmen und nochmals kurz durchkneten. 20 Minuten gehen lassen. In der Zwischenzeit den Belag vorbereiten. Dazu den Mixtopf ausspülen.
Tomaten, Öl und Gewürze in den Mixtopf geben und auf Stufe 5/ 30 Sekunden mixen.
Den Teig ausrollen und auf ein mit Backpapier ausgelegtes Blech legen. Den Inhalt des Mixtopfes auf den Teig streichen. Die übrigen Zutaten ansprechend auf die Pizza verteilen. Alles 30 Minuten bei 180 Grad backen.

Auberginenpizza

Zutaten

Teig
450g Mehl	1 Würfel Hefe
1 TL Zucker	½ Liter Wasser
50g Olivenöl	1 Ei
1 TL Salz	20g Butter

Belag
400g Tomaten	2 Knoblauchzehen
Salz	Pfeffer
500g Auberginen	200g Esrom
1 EL Kräuter	50g Öl

Zubereitung

Hefe, Zucker und Wasser in den Mixtopf geben. Auf Stufe 3/ 15 Sekunden durchmixen. Jetzt die übrigen Teigzutaten hinzufügen und 2 Minuten auf Knetstufe bearbeiten. Den Teig aus den Mixtopf nehmen und nochmals kurz durchkneten. 20 Minuten gehen lassen. In der Zwischenzeit den Belag vorbereiten. Dazu den Mixtopf ausspülen.

Den Mixtopf auf Stufe 5 anstellen und den Mixbecher
entfernen. Die Knoblauchzehen in das laufende Messer
fallen lassen. Nun die Tomaten, die Gewürze und das Öl
hinzugeben. Auf Stufe 5 / 1 Minute durchmixen.
Den Teig ausrollen und auf ein mit Backpapier ausgelegtes
Blech legen. Den Inhalt des Mixtopfes auf den Teig
streichen.
Die übrigen Zutaten auf die Pizza geben und 30 Minuten
bei 180 Grad backen.

Zucchini-Schafskäse-Pizza

Zutaten

Teig

450g Vollkornmehl	1 Würfel Hefe
1 TL Zucker	$\frac{1}{2}$ Liter Wasser
50g Olivenöl	1 Ei
1 TL Salz	20g Butter

Belag

400g Tomaten	2 Knoblauchzehen
Salz	Pfeffer
400g Zucchini	150g Schafskäse
200g Gouda	1 EL Kräuter
50g Öl	

Zubereitung

Hefe, Zucker und Wasser in den Mixtopf geben. Auf Stufe 3/ 15 Sekunden durchmixen. Jetzt die übrigen Teigzutaten hinzufügen und 2 Minuten auf Knetstufe bearbeiten. Den Teig aus den Mixtopf nehmen und nochmals kurz durchkneten. 40 Minuten gehen lassen. In der Zwischenzeit den Belag vorbereiten. Dazu den Mixtopf ausspülen.

Den Mixtopf auf Stufe 5 anstellen und den Mixbecher entfernen. Die Knoblauchzehen in das laufende Messer fallen lassen. Nun die Tomaten, die Gewürze und das Öl hinzugeben. Auf Stufe 5 / 1 Minute durchmixen.
Den Teig ausrollen und auf ein mit Backpapier ausgelegtes Blech legen. Den Inhalt des Mixtopfes auf den Teig streichen.
Die übrigen Zutaten auf die Pizza geben und 30 Minuten bei 180 Grad backen.

Erbsen-Spargel-Pizza

Zutaten
Teig

400g Mehl	1 Würfel Hefe
1 TL Zucker	200 ml handwarmes Wasser
1 TL Salz	1 EL Olivenöl
50g ger. Käse	

Belag
500g Spargel

aus dem Glas	200g Erbsen
2 hartgekochte	
Eier	200g Emmentaler gerieben
500g Tomaten	50g Olivenöl
Pfeffer	Salz

Zubereitung

Hefe, Zucker und Wasser in den Mixtopf geben. Auf Stufe 3/ 15 Sekunden durchmixen. Jetzt die übrigen Teigzutaten hinzufügen und 2 Minuten auf Knetstufe bearbeiten. Den Teig aus den Mixtopf nehmen und nochmals kurz durchkneten. 40 Minuten gehen lassen. In der Zwischenzeit den Belag vorbereiten. Dazu den Mixtopf ausspülen. Nun die Tomaten, die Gewürze und das Öl in den Mixtopf geben. Auf Stufe 5 / 1 Minute durchmixen.
Den Teig ausrollen und auf ein mit Backpapier ausgelegtes Blech legen. Den Inhalt des Mixtopfes auf den Teig streichen.
Die übrigen Zutaten auf die Pizza geben und 30 Minuten bei 180 Grad backen.

Vollkorn-Knoblauch-Pizza

Zutaten

Teig
400g Vollkornmehl	1 Würfel Hefe
1 TL Zucker	200 ml handwarmes Wasser
1 TL Salz	1 EL Olivenöl
1 TL Oregano	

Belag
10 Knoblauchzehen	50g Olivenöl
800g Tomaten	Salz
Pfeffer	1 TL Basilikum
1 TL Oregano	1 TL Zucker
200g Parmesan	

Zubereitung

Hefe, Zucker und Wasser in den Mixtopf geben. Auf Stufe
3/ 15 Sekunden durchmixen. Jetzt die übrigen Teigzutaten
hinzufügen und 2 Minuten auf Knetstufe bearbeiten. Den
Teig aus den Mixtopf nehmen und nochmals kurz
durchkneten. 40 Minuten gehen lassen. In der
Zwischenzeit den Belag vorbereiten. Dazu den Mixtopf
ausspülen.

Den Mixtopf auf Stufe 5 anstellen und den Mixbecher entfernen. Die Knoblauchzehen in das laufende Messer fallen lassen. Nun die Tomaten, die Gewürze und das Öl hinzugeben. Auf Stufe 5 / 1 Minute durchmixen.
Den Teig ausrollen und auf ein mit Backpapier ausgelegtes Blech legen. Den Inhalt des Mixtopfes auf den Teig streichen.
Die übrigen Zutaten auf die Pizza geben und 35 Minuten bei 180 Grad backen.

Vollkorn-Zwiebel-Pizza

Zutaten

Teig

400g Vollkornmehl	1 Würfel Hefe
1 EL Honig	200 ml handwarmes Wasser
1 TL Salz	1 EL Olivenöl
1 TL Oregano	

Belag

800g Tomaten	2 Knoblauchzehen
Salz	Pfeffer
1 TL Oregano	500g Zwiebeln
200g Schafskäse	50g Olivenöl
1 TL Kümmel	

Zubereitung

Hefe, Honig und Wasser in den Mixtopf geben. Auf Stufe 3/ 15 Sekunden durchmixen. Jetzt die übrigen Teigzutaten hinzufügen und 2 Minuten auf Knetstufe bearbeiten. Den Teig aus den Mixtopf nehmen und nochmals kurz durchkneten. 40 Minuten gehen lassen. In der Zwischenzeit den Belag vorbereiten. Dazu den Mixtopf ausspülen.

Den Mixtopf auf Stufe 5 anstellen und den Mixbecher entfernen. Die Knoblauchzehen in das laufende Messer fallen lassen. Nun die Tomaten, die Gewürze und das Öl hinzugeben. Auf Stufe 5 / 1 Minute durchmixen.
Den Teig ausrollen und auf ein mit Backpapier ausgelegtes Blech legen. Den Inhalt des Mixtopfes auf den Teig streichen.
Die übrigen zugeschnittenen Zutaten auf die Pizza geben und 35 Minuten bei 180 Grad backen.

Vollkorn-Kräuter-Pizza

Zutaten

Teig

300g Vollkornmehl	1 Würfel Hefe
1 EL Honig	200 ml handwarmes Wasser
1 TL Salz	1 EL Olivenöl
1 TL Oregano	100g Haferflocken zart

Belag

800g Tomaten	4 Knoblauchzehen
Salz	Pfeffer
1 TL Oregano	1 TL Thymian
200g Gouda alt	50g Olivenöl
1 TL Oregano	1 TL Rosmarin
1 TL Basilikum	

Zubereitung

Hefe, Honig und Wasser in den Mixtopf geben. Auf Stufe
3/ 15 Sekunden durchmixen. Jetzt die übrigen Teigzutaten
hinzufügen und 2 Minuten auf Knetstufe bearbeiten. Den
Teig aus den Mixtopf nehmen und nochmals kurz
durchkneten. 40 Minuten gehen lassen. In der
Zwischenzeit den Belag vorbereiten. Dazu den Mixtopf
ausspülen.

Den Mixtopf auf Stufe 5 anstellen und den Mixbecher entfernen. Die Knoblauchzehen in das laufende Messer fallen lassen. Nun die Tomaten, die Gewürze und das Öl hinzugeben. Auf Stufe 5 / 1 Minute durchmixen.
Den Teig ausrollen und auf ein mit Backpapier ausgelegtes Blech legen. Den Inhalt des Mixtopfes auf den Teig streichen.
Die übrigen zugeschnittenen Zutaten auf die Pizza geben und 35 Minuten bei 180 Grad backen.

Bratwurstpizza

Zutaten
Teig

400g Mehl	1 Würfel Hefe
1 TL Zucker	200 ml handwarmes Wasser
1 TL Salz	1 EL Olivenöl

Belag

2 Zwiebeln	2 Knoblauchzehen
400g Tomaten	40g Olivenöl
Salz	400g Bratwurst in Scheiben angebraten
200g Emmentaler	

Zubereitung
Hefe, Zucker und Wasser in den Mixtopf geben. Auf Stufe 3/ 15 Sekunden durchmixen. Jetzt die übrigen Teigzutaten hinzufügen und 2 Minuten auf Knetstufe bearbeiten. Den Teig aus den Mixtopf nehmen und nochmals kurz durchkneten. 20 Minuten gehen lassen. In der Zwischenzeit den Belag vorbereiten. Dazu den Mixtopf ausspülen.
Den Mixtopf auf Stufe 5 anstellen und den Mixbecher entfernen. Die Knoblauchzehen und die Zwiebeln ins offene Messer fallenlassen. Nun die Gewürze, Tomaten und das Öl hinzugeben. 20 Sekunden / Stufe 5. Den Teig ausrollen und auf ein mit Backpapier ausgelegtes Blech legen. Den Inhalt des Mixtopfes auf den Teig streichen. Die übrigen Zutaten ansprechend auf die Pizza verteilen. Alles 30 Minuten bei 180 Grad backen.

Gyrospizza

Zutaten
Teig

400g Mehl	1 Würfel Hefe
1 TL Zucker	200 ml handwarmes Wasser
1 TL Salz	1 EL Olivenöl

Belag

2 Zwiebeln	2 Knoblauchzehen
400g Tomaten	40g Olivenöl
Salz	400g Gyros gebraten
1 Zwiebel in	
Scheiben	200g Feta-Käse

Zubereitung
Hefe, Zucker und Wasser in den Mixtopf geben. Auf Stufe
3/ 15 Sekunden durchmixen. Jetzt die übrigen Teigzutaten
hinzufügen und 2 Minuten auf Knetstufe bearbeiten. Den
Teig aus den Mixtopf nehmen und nochmals kurz
durchkneten. 20 Minuten gehen lassen. In der
Zwischenzeit den Belag vorbereiten. Dazu den Mixtopf
ausspülen.
Den Mixtopf auf Stufe 5 anstellen und den Mixbecher
entfernen. Die Knoblauchzehen und die Zwiebeln ins offene
Messer fallenlassen. Nun die Gewürze, Tomaten und das Öl
hinzugeben. 20 Sekunden / Stufe 5. Den Teig ausrollen und
auf ein mit Backpapier ausgelegtes Blech legen. Den Inhalt
des Mixtopfes auf den Teig streichen. Die übrigen Zutaten
ansprechend auf die Pizza verteilen. Alles 30 Minuten bei
180 Grad backen.

Nudelpizza

Zutaten
Teig

400g Mehl	1 Würfel Hefe
1 TL Zucker	200 ml handwarmes Wasser
1 TL Salz	1 EL Olivenöl
50g Käse	

Belag

2 Zwiebeln	2 Knoblauchzehen
400g Tomaten	40g Olivenöl
Salz	500g gekochte Nudeln
250g Gouda	

Zubereitung

Hefe, Zucker und Wasser in den Mixtopf geben. Auf Stufe 3/ 15 Sekunden durchmixen. Jetzt die übrigen Teigzutaten hinzufügen und 2 Minuten auf Knetstufe bearbeiten. Den Teig aus den Mixtopf nehmen und nochmals kurz durchkneten. 20 Minuten gehen lassen. In der Zwischenzeit den Belag vorbereiten. Dazu den Mixtopf ausspülen.
Den Mixtopf auf Stufe 5 anstellen und den Mixbecher entfernen. Die Knoblauchzehen und die Zwiebeln ins offene Messer fallenlassen. Nun die Gewürze, Tomaten und das Öl hinzugeben. 20 Sekunden / Stufe 5. Den Teig ausrollen und auf ein mit Backpapier ausgelegtes Blech legen. Den Inhalt des Mixtopfes auf den Teig streichen. Die übrigen Zutaten ansprechend auf die Pizza verteilen. Alles 30 Minuten bei 180 Grad backen.

Zwiebel-Lauch-Pizza

Zutaten
Teig

400g Mehl	200g weiche Butter
1 TL Salz	2 Eier
40g Wasser	

Belag

100g Schinken	2 Stangen Lauch
300g Silberzwiebeln	
aus dem Glas	50g Butter
150g Creme Fraiche	1 Ei
1 EL Oregano	50g Olivenöl
150g Parmesan	

Zubereitung
Die Zutaten für den Teig zusammen in den Mixtopf geben.
15 Sekunden auf höchster Stufe mixen. Danach nochmals
2 Minuten auf Teigstufe. Den Teig in eine Schüssel
umfüllen und den Mixtopf reinigen. Jetzt das Ei, Creme
Fraiche, Butter, Olivenöl und Gewürze hinzugeben. Alles 1
Minute auf Stufe 5 mischen.
Den Teig ausrollen und auf ein mit Backpapier ausgelegtes
Blech legen. Den Inhalt des Mixtopfes auf den Teig
streichen. Die übrigen Zutaten ansprechend auf die Pizza
verteilen. Alles 35 Minuten bei 180 Grad backen.

Oliven-Schafskäse-Pizza

Zutaten
Teig

400g Mehl	80g Butter
1 Ei	1 TL Salz
200ml Wasser	

Belag

150g schwarze Oliven	400g Schafskäse
1 Ei	200g Sahne
1 TL Salz	Pfeffer
50g Olivenöl	

Zubereitung
Die Zutaten für den Teig zusammen in den Mixtopf geben.
15 Sekunden auf höchster Stufe mixen. Danach nochmals
2 Minuten auf Teigstufe. Den Teig in eine Schüssel
umfüllen und den Mixtopf reinigen.
Jetzt die Sahne, Ei, Olivenöl und Gewürze in den Mixtopf
geben und 30 Sekunden auf Stufe 5 mischen.
Den Teig ausrollen und auf ein mit Backpapier ausgelegtes
Blech legen. Den Inhalt des Mixtopfes auf den Teig
streichen. Die übrigen Zutaten dekorativ auf die Pizza
verteilen. Alles 35 Minuten bei 180 Grad backen.

Hackfleisch-Pizza

Zutaten
Teig

400g Mehl	80g Butter
1 Ei	1 TL Salz
200ml Wasser	

Belag

1 Zwiebel	50g Olivenöl
400g Hackfleisch	
gebraten	1 EL Tomatenmark
125g Rotwein	1 TL Oregano
200g Saure Sahne	250g ger. Gouda

Zubereitung
Die Zutaten für den Teig zusammen in den Mixtopf geben.
15 Sekunden auf höchster Stufe mixen. Danach nochmals
2 Minuten auf Teigstufe. Den Teig in eine Schüssel
umfüllen und den Mixtopf reinigen.
Jetzt die Saure Sahne, Rotwein, Tomatenmark, Gewürze
und Öl in den Mixtopf geben und 30 Sekunden auf höchster
Stufe mixen.
Den Teig ausrollen und auf ein mit Backpapier ausgelegtes
Blech legen. Den Inhalt des Mixtopfes auf den Teig
streichen. Die übrigen Zutaten dekorativ auf die Pizza
verteilen. Alles 35 Minuten bei 180 Grad backen.

Kartoffel-Speck-Pizza

Zutaten
Teig

400g Mehl	1 Würfel Hefe
1 TL Zucker	200 ml handwarmes Wasser
1 TL Salz	1 EL Olivenöl
50g Käse	

Belag

2 Zwiebeln	2 Knoblauchzehen
400g Tomaten	40g Olivenöl
Salz	500g gebratene Kartoffeln
250g Gouda	250g gebratener Speck

Zubereitung
Hefe, Zucker und Wasser in den Mixtopf geben. Auf Stufe
3/ 15 Sekunden durchmixen. Jetzt die übrigen Teigzutaten
hinzufügen und 2 Minuten auf Knetstufe bearbeiten. Den
Teig aus den Mixtopf nehmen und nochmals kurz
durchkneten. 20 Minuten gehen lassen. In der
Zwischenzeit den Belag vorbereiten. Dazu den Mixtopf
ausspülen.
Den Mixtopf auf Stufe 5 anstellen und den Mixbecher
entfernen. Die Knoblauchzehen und die Zwiebeln ins offene
Messer fallenlassen. Nun die Gewürze, Tomaten und das Öl
hinzugeben. 20 Sekunden / Stufe 5. Den Teig ausrollen und
auf ein mit Backpapier ausgelegtes Blech legen. Den Inhalt
des Mixtopfes auf den Teig streichen. Die übrigen Zutaten
ansprechend auf die Pizza verteilen. Alles 30 Minuten bei
180 Grad backen.

Knoblauchpizza

Zutaten

Teig

400g Mehl	1 Würfel Hefe
1 TL Zucker	200 ml handwarmes Wasser
1 TL Salz	1 EL Knoblauchöl
50g Käse	1 TL Oregano

Belag

2 Zwiebeln	10 Knoblauchzehen
400g Tomaten	40g Olivenöl
Salz	2 TL Kräuter
250g Gouda	

Zubereitung

Hefe, Zucker und Wasser in den Mixtopf geben. Auf Stufe 3/ 15 Sekunden durchmixen. Jetzt die übrigen Teigzutaten hinzufügen und 2 Minuten auf Knetstufe bearbeiten. Den Teig aus den Mixtopf nehmen und nochmals kurz durchkneten. 20 Minuten gehen lassen. In der Zwischenzeit den Belag vorbereiten. Dazu den Mixtopf ausspülen.
Den Mixtopf auf Stufe 5 anstellen und den Mixbecher entfernen. Die Knoblauchzehen und die Zwiebeln ins offene Messer fallenlassen. Nun die Gewürze, Tomaten und das Öl hinzugeben. 20 Sekunden / Stufe 5. Den Teig ausrollen und auf ein mit Backpapier ausgelegtes Blech legen. Den Inhalt des Mixtopfes auf den Teig streichen. Die übrigen Zutaten ansprechend auf die Pizza verteilen. Alles 30 Minuten bei 180 Grad backen.

Gerstenpizza mit Tofu

Zutaten

Teig

200g Gerstenflocken	300ml kochendes Wasser
300g Mehl	50ml Milch
1 EL Ahornsirup	1 Würfel Hefe
1 TL Salz	20g Olivenöl

Belag

250g Zwiebeln in Sch.	350g Tofu gebraten
500g Tomaten	Salz
Pfeffer	Oregano
50g Olivenöl	200g ger. Gouda

Zubereitung

200g Gerstenflocken mit 300ml kochenden Wasser übergießen. Abkühlen lassen. Hefe, Zucker, Gerste und Wasser in den Mixtopf geben. Auf Stufe 3/ 15 Sekunden durchmixen. Jetzt die übrigen Teigzutaten hinzufügen und 2 Minuten auf Knetstufe bearbeiten. Den Teig aus den Mixtopf nehmen und nochmals kurz durchkneten. 20 Minuten gehen lassen. In der Zwischenzeit den Belag vorbereiten. Dazu den Mixtopf ausspülen.
Tomaten, Öl und Gewürze in den Mixtopf geben und auf Stufe 5/ 30 Sekunden mixen.
Den Teig ausrollen und auf ein mit Backpapier ausgelegtes Blech legen. Den Inhalt des Mixtopfes auf den Teig streichen. Die übrigen Zutaten ansprechend auf die Pizza verteilen. Alles 30 Minuten bei 180 Grad backen.

Gerstenpizza mit Pflaumen und Ziegenkäse

Zutaten
Teig

200g Gerstenflocken	300ml kochendes Wasser
300g Mehl	50ml Milch
1 EL Ahornsirup	1 Würfel Hefe
1 TL Salz	20g Olivenöl

Belag

250g Pflaumen	350g Ziegenkäse
500g Tomaten	Salz
Pfeffer	1 TL Rosmarin
50g Olivenöl	

Zubereitung
200g Gerstenflocken mit 300ml kochenden Wasser
übergießen. Abkühlen lassen. Hefe, Zucker, Gerste und
Wasser in den Mixtopf geben. Auf Stufe 3/ 15 Sekunden
durchmixen. Jetzt die übrigen Teigzutaten hinzufügen und
2 Minuten auf Knetstufe bearbeiten. Den Teig aus den
Mixtopf nehmen und nochmals kurz durchkneten. 20
Minuten gehen lassen. In der Zwischenzeit den Belag
vorbereiten. Dazu den Mixtopf ausspülen.
Tomaten, Öl und Gewürze in den Mixtopf geben und auf
Stufe 5/ 30 Sekunden mixen.
Den Teig ausrollen und auf ein mit Backpapier ausgelegtes
Blech legen. Den Inhalt des Mixtopfes auf den Teig
streichen. Die übrigen Zutaten ansprechend auf die Pizza
verteilen. Alles 30 Minuten bei 180 Grad backen.

Walnuss-Briekäse-Pizza

Zutaten

Teig
400g Mehl	1 Würfel Hefe
1 TL Zucker	200 ml handwarmes Wasser
1 TL Salz	1 EL Olivenöl

Belag
½ Bund Petersilie	½ Bund Basilikum
4 Knoblauchzehen	250g Briekäse
500g Tomaten	Salz
Pfeffer	40g Olivenöl
150ml trockener Prosecco	200g Walnüsse

Zubereitung

Hefe, Zucker und Wasser in den Mixtopf geben. Auf Stufe 5/ 20 Sekunden vermischen. Die übrigen Zutaten für den Teig hinzugeben. Nochmals 2 Minuten auf Teigstufe kneten. Den Teig herausnehmen und in einer bemehlten Schüssel 30 Minuten gehen lassen. In der Zwischenzeit den Mixtopf spülen.

Nun den Mixtopf auf Stufe 5 Stellen und den Mixbecher entfernen. Die Knoblauchzehen und die Kräuter ins offene Messer fallen lassen. Nun die Tomaten, das Öl, die Gewürze und den Prosecco hinzugeben. Alles auf höchster Stufe 20 Sekunden mixen.
Ein Backblech mit Backpapier belegen. Den Teig auf einer bemehlten Fläche ausrollen. Jetzt den Teig auf das Backpapier legen. Mit dem Inhalt des Mixtopfes bestreichen. Mit den übrig gebliebenen Zutaten belegen und ca. 25 Minuten bei 180 Grad backen.

Mais-Gries-Pizza

Zutaten
Teig

300g Mehl	1 Würfel Hefe
1 TL Zucker	200 ml handwarmes Wasser
1 TL Salz	1 EL Knoblauchöl
50g Käse	1 TL Oregano
100g Polenta	

Belag

2 Zwiebeln	2 Knoblauchzehen
400g Tomaten	40g Olivenöl
Salz	2 TL Kräuter
250g Gouda	2 Dosen Mais

Zubereitung
Hefe, Zucker und Wasser in den Mixtopf geben. Auf Stufe
3/ 15 Sekunden durchmixen. Jetzt die übrigen Teigzutaten
hinzufügen und 2 Minuten auf Knetstufe bearbeiten. Den
Teig aus den Mixtopf nehmen und nochmals kurz
durchkneten. 20 Minuten gehen lassen. In der
Zwischenzeit den Belag vorbereiten. Dazu den Mixtopf
ausspülen.
Den Mixtopf auf Stufe 5 anstellen und den Mixbecher
entfernen. Die Knoblauchzehen und die Zwiebeln ins offene
Messer fallenlassen. Nun die Gewürze, Tomaten und das Öl
hinzugeben. 20 Sekunden / Stufe 5. Den Teig ausrollen und
auf ein mit Backpapier ausgelegtes Blech legen. Den Inhalt
des Mixtopfes auf den Teig streichen. Die übrigen Zutaten
ansprechend auf die Pizza verteilen. Alles 30 Minuten bei
180 Grad backen.

Apfel-Zwiebel-Gries-Pizza

Zutaten

Teig

300g Mehl	1 Würfel Hefe
1 TL Zucker	200 ml handwarmes Wasser
1 TL Salz	1 EL Kürbiskernöl
50g Käse	1 TL Oregano
100g Polenta	

Belag

2 Zwiebeln	2 Knoblauchzehen
200g Creme Fraiche	40g Olivenöl
Salz	2 TL Kräuter
250g Gouda	4 Zwiebeln in Scheiben
2 geschälte Äpfel	
in Scheiben	

Zubereitung

Hefe, Zucker und Wasser in den Mixtopf geben. Auf Stufe 3/ 15 Sekunden durchmixen. Jetzt die übrigen Teigzutaten hinzufügen und 2 Minuten auf Knetstufe bearbeiten. Den Teig aus den Mixtopf nehmen und nochmals kurz durchkneten. 20 Minuten gehen lassen. In der Zwischenzeit den Belag vorbereiten. Dazu den Mixtopf ausspülen.

Den Mixtopf auf Stufe 5 anstellen und den Mixbecher entfernen. Die Knoblauchzehen und die Zwiebeln ins offene Messer fallenlassen. Nun die Gewürze, Creme Fraiche und das Öl hinzugeben. 20 Sekunden / Stufe 5. Den Teig ausrollen und auf ein mit Backpapier ausgelegtes Blech legen. Den Inhalt des Mixtopfes auf den Teig streichen. Die übrigen Zutaten ansprechend auf die Pizza verteilen. Alles 30 Minuten bei 180 Grad backen.

Polenta-Reis-Pizza

Zutaten

Teig

300g Mehl	1 Würfel Hefe
1 TL Zucker	200 ml handwarmes Wasser
1 TL Salz	2 EL Kürbiskernöl
50g Käse	1 TL Oregano
100g Polenta	

Belag

2 Zwiebeln	2 Knoblauchzehen
200g Creme Fraiche	40g Olivenöl
Salz	2 TL Kräuter
250g Gouda	4 Zwiebeln in Scheiben
300g gekochter Reis	1 TL Curry

Zubereitung

Hefe, Zucker und Wasser in den Mixtopf geben. Auf Stufe 3/ 15 Sekunden durchmixen. Jetzt die übrigen Teigzutaten hinzufügen und 2 Minuten auf Knetstufe bearbeiten. Den Teig aus den Mixtopf nehmen und nochmals kurz durchkneten. 20 Minuten gehen lassen. In der Zwischenzeit den Belag vorbereiten. Dazu den Mixtopf ausspülen.

Den Mixtopf auf Stufe 5 anstellen und den Mixbecher entfernen. Die Knoblauchzehen und die Zwiebeln ins offene Messer fallenlassen. Nun die Gewürze, Creme Fraiche und das Öl hinzugeben. 20 Sekunden / Stufe 5. Den Teig ausrollen und auf ein mit Backpapier ausgelegtes Blech legen. Den Inhalt des Mixtopfes auf den Teig streichen. Die übrigen Zutaten ansprechend auf die Pizza verteilen. Alles 30 Minuten bei 180 Grad backen.

Ziegenkäse-Honig-Pizza

Zutaten
Teig

400g Mehl	1 Würfel Hefe
1 TL Zucker	200 ml handwarmes Wasser
1 TL Salz	1 EL Knoblauchöl
50g Käse	1 TL Oregano

Belag

2 Zwiebeln	2 Knoblauchzehen
200g Creme Fraiche	40g Olivenöl
Salz	2 TL Kräuter
250g Ziegenkäse	50g Hönig

Zubereitung
Hefe, Zucker und Wasser in den Mixtopf geben. Auf Stufe
3/ 15 Sekunden durchmixen. Jetzt die übrigen Teigzutaten
hinzufügen und 2 Minuten auf Knetstufe bearbeiten. Den
Teig aus den Mixtopf nehmen und nochmals kurz
durchkneten. 20 Minuten gehen lassen. In der
Zwischenzeit den Belag vorbereiten. Dazu den Mixtopf
ausspülen.
Den Mixtopf auf Stufe 5 anstellen und den Mixbecher
entfernen. Die Knoblauchzehen und die Zwiebeln ins offene
Messer fallenlassen. Nun die Gewürze, Creme Fraiche und
das Öl hinzugeben. 20 Sekunden / Stufe 5. Den Teig
ausrollen und auf ein mit Backpapier ausgelegtes Blech
legen. Den Inhalt des Mixtopfes auf den Teig streichen.
Die übrigen Zutaten ansprechend auf die Pizza verteilen.
Alles 30 Minuten bei 180 Grad backen.

Weintrauben-Gouda-Pizza

Zutaten
Teig

400g Mehl	1 Würfel Hefe
1 TL Zucker	200 ml handwarmes Wasser
1 TL Salz	1 EL Sonnenblumenöl
50g Käse	

Belag

2 Zwiebeln	2 Knoblauchzehen
200g Creme Fraiche	40g Olivenöl
Salz	2 TL Kräuter
250g Weintrauben	250g Gouda
1 TL Kümmel	

Zubereitung
Hefe, Zucker und Wasser in den Mixtopf geben. Auf Stufe
3/ 15 Sekunden durchmixen. Jetzt die übrigen Teigzutaten
hinzufügen und 2 Minuten auf Knetstufe bearbeiten. Den
Teig aus den Mixtopf nehmen und nochmals kurz
durchkneten. 20 Minuten gehen lassen. In der
Zwischenzeit den Belag vorbereiten. Dazu den Mixtopf
ausspülen.
Den Mixtopf auf Stufe 5 anstellen und den Mixbecher
entfernen. Die Knoblauchzehen und die Zwiebeln ins offene
Messer fallenlassen. Nun die Gewürze, Creme Fraiche und
das Öl hinzugeben. 20 Sekunden / Stufe 5. Den Teig
ausrollen und auf ein mit Backpapier ausgelegtes Blech
legen. Den Inhalt des Mixtopfes auf den Teig streichen.
Die übrigen Zutaten ansprechend auf die Pizza verteilen.
Alles 30 Minuten bei 180 Grad backen.

Lammhack-Pizza

Zutaten

Teig

400g Mehl	1 Würfel Hefe
1 TL Zucker	200 ml handwarmes Wasser
1 TL Salz	1 EL Knoblauchöl
50g Käse	1 TL Oregano

Belag

2 Zwiebeln	4 Knoblauchzehen
200g Creme Fraiche	40g Olivenöl
Salz	2 TL Kräuter
250g Ziegenkäse	400g gebratenes Lammgehacktes
1 TL Rosmarin	50g Sonnenblumenkerne

Zubereitung

Hefe, Zucker und Wasser in den Mixtopf geben. Auf Stufe 3/ 15 Sekunden durchmixen. Jetzt die übrigen Teigzutaten hinzufügen und 2 Minuten auf Knetstufe bearbeiten. Den Teig aus den Mixtopf nehmen und nochmals kurz durchkneten. 20 Minuten gehen lassen. In der Zwischenzeit den Belag vorbereiten. Dazu den Mixtopf ausspülen.

Den Mixtopf auf Stufe 5 anstellen und den Mixbecher entfernen. Die Knoblauchzehen und die Zwiebeln ins offene Messer fallenlassen. Nun die Gewürze, Creme Fraiche und das Öl hinzugeben. 20 Sekunden / Stufe 5. Den Teig ausrollen und auf ein mit Backpapier ausgelegtes Blech legen. Den Inhalt des Mixtopfes auf den Teig streichen. Die übrigen Zutaten ansprechend auf die Pizza verteilen. Alles 30 Minuten bei 180 Grad backen.

Avocadopizza

Zutaten
Teig

400g Mehl	1 Würfel Hefe
1 TL Zucker	200 ml handwarmes Wasser
1 TL Salz	1 EL Knoblauchöl
50g Käse	1 TL Oregano

Belag

2 Zwiebeln	2 Knoblauchzehen
200g Creme Fraiche	40g Olivenöl
Salz	2 TL Kräuter
2 ausgekratzte	
Avocados	100g Parmesan

Zubereitung
Hefe, Zucker und Wasser in den Mixtopf geben. Auf Stufe
3/ 15 Sekunden durchmixen. Jetzt die übrigen Teigzutaten
hinzufügen und 2 Minuten auf Knetstufe bearbeiten. Den
Teig aus den Mixtopf nehmen und nochmals kurz
durchkneten. 20 Minuten gehen lassen. In der
Zwischenzeit den Belag vorbereiten. Dazu den Mixtopf
ausspülen.
Den Mixtopf auf Stufe 5 anstellen und den Mixbecher
entfernen. Die Knoblauchzehen und die Zwiebeln ins offene
Messer fallenlassen. Nun die Gewürze, Creme Fraiche,
Avocado und das Öl hinzugeben. 20 Sekunden / Stufe 5.
Den Teig ausrollen und auf ein mit Backpapier ausgelegtes
Blech legen. Den Inhalt des Mixtopfes auf den Teig
streichen. Die übrigen Zutaten ansprechend auf die Pizza
verteilen. Alles 30 Minuten bei 180 Grad backen.

Brokkoli-Mandel-Pizza

Zutaten

Teig

400g Mehl	1 Würfel Hefe
1 TL Zucker	200 ml handwarmes Wasser
1 TL Salz	1 EL Olivenöl

Belag

500g Tomaten	1 Zwiebel
1 Dose Mais	40g Olivenöl
200g Mandeln	
blättrig	schwarzer Pfeffer
Salz	250g geriebener Käse
250g gekochter	
Brokkoli	

Zubereitung

Hefe, Zucker und Wasser in den Mixtopf geben. Auf Stufe
3/ 15 Sekunden durchmixen. Jetzt die übrigen Teigzutaten
hinzufügen und 2 Minuten auf Knetstufe bearbeiten. Den
Teig aus den Mixtopf nehmen und nochmals kurz
durchkneten. 20 Minuten gehen lassen. In der
Zwischenzeit den Belag vorbereiten. Dazu den Mixtopf
ausspülen.

Den Mixtopf auf Stufe 5 anstellen und den Mixbecher entfernen. Die Zwiebel in das laufende Messer fallen lassen. Nun die Tomaten, die Gewürze und das Öl hinzugeben. Auf Stufe 5 / 1 Minute durchmixen.
Den Teig ausrollen und auf ein mit Backpapier ausgelegtes Blech legen. Den Inhalt des Mixtopfes auf den Teig streichen.
Die übrigen Zutaten auf die Pizza geben und 30 Minuten bei 180 Grad backen.

Kidney-Bohnen-Kartoffel-Pizza

Zutaten

Teig
400g Mehl	1 Würfel Hefe
1 TL Zucker	200 ml handwarmes Wasser
1 TL Salz	1 EL Olivenöl

Belag
500g Tomaten	1 Zwiebel
2 Dosen Kidney	
Bohnen	40g Olivenöl
Salz	Pfeffer
500g Kartoffeln	
gebraten	1 Prise Chili-Pulver

Zubereitung

Hefe, Zucker und Wasser in den Mixtopf geben. Auf Stufe
3/ 15 Sekunden durchmixen. Jetzt die übrigen Teigzutaten
hinzufügen und 2 Minuten auf Knetstufe bearbeiten. Den
Teig aus den Mixtopf nehmen und nochmals kurz
durchkneten. 20 Minuten gehen lassen. In der
Zwischenzeit den Belag vorbereiten. Dazu den Mixtopf
ausspülen.

Den Mixtopf auf Stufe 5 anstellen und den Mixbecher
entfernen. Die Zwiebel in das laufende Messer fallen
lassen. Nun die Tomaten, die Gewürze und das Öl
hinzugeben. Auf Stufe 5 / 1 Minute durchmixen.
Den Teig ausrollen und auf ein mit Backpapier ausgelegtes
Blech legen. Den Inhalt des Mixtopfes auf den Teig
streichen.
Die übrigen Zutaten auf die Pizza geben und 30 Minuten
bei 180 Grad backen.

Pfifferling-Mais-Pizza

Zutaten

Teig

400g Mehl	1 Würfel Hefe
1 TL Zucker	200 ml handwarmes Wasser
1 TL Salz	1 EL Olivenöl

Belag

500g Tomaten	1 Zwiebel
1 Dose Mais	40g Olivenöl
300g Pfifferlinge angebraten	
200g Speck	schwarzer Pfeffer
Salz	250g geriebener Käse

Zubereitung

Hefe, Zucker und Wasser in den Mixtopf geben. Auf Stufe 3/ 15 Sekunden durchmixen. Jetzt die übrigen Teigzutaten hinzufügen und 2 Minuten auf Knetstufe bearbeiten. Den Teig aus den Mixtopf nehmen und nochmals kurz durchkneten. 20 Minuten gehen lassen. In der Zwischenzeit den Belag vorbereiten. Dazu den Mixtopf ausspülen.

Den Mixtopf auf Stufe 5 anstellen und den Mixbecher entfernen. Die Zwiebel in das laufende Messer fallen lassen. Nun die Tomaten, die Gewürze und das Öl hinzugeben. Auf Stufe 5 / 1 Minute durchmixen.
Den Teig ausrollen und auf ein mit Backpapier ausgelegtes Blech legen. Den Inhalt des Mixtopfes auf den Teig streichen.
Die übrigen Zutaten auf die Pizza geben und 30 Minuten bei 180 Grad backen.

Currywurst-Pizza

Zutaten

Teig
400g Mehl   1 Würfel Hefe
1 TL Zucker   200 ml handwarmes Wasser
1 TL Salz   1 EL Olivenöl

Belag
500g Tomaten   1 Zwiebel
400g Bratwurst
in Scheiben
angebraten   40g Olivenöl
1 TL Curry   schwarzer Pfeffer
Salz   150g geriebener Käse
1 TL Zucker

Zubereitung

Hefe, Zucker und Wasser in den Mixtopf geben. Auf Stufe 3/ 15 Sekunden durchmixen. Jetzt die übrigen Teigzutaten hinzufügen und 2 Minuten auf Knetstufe bearbeiten. Den Teig aus den Mixtopf nehmen und nochmals kurz durchkneten. 20 Minuten gehen lassen. In der Zwischenzeit den Belag vorbereiten. Dazu den Mixtopf ausspülen.

Den Mixtopf auf Stufe 5 anstellen und den Mixbecher entfernen. Die Zwiebel in das laufende Messer fallen lassen. Nun die Tomaten, die Gewürze und das Öl hinzugeben. Auf Stufe 5 / 1 Minute durchmixen.
Den Teig ausrollen und auf ein mit Backpapier ausgelegtes Blech legen. Den Inhalt des Mixtopfes auf den Teig streichen.
Die übrigen Zutaten auf die Pizza geben und 30 Minuten bei 180 Grad backen.

Paprika-Chili-Pizza

Zutaten

Teig
400g Mehl	1 Würfel Hefe
1 TL Zucker	200 ml handwarmes Wasser
1 TL Salz	1 EL Olivenöl

Belag
500g Tomaten	1 Zwiebel
Pfeffer	40g Olivenöl
1 Chilischote	1 gelbe Paprika
1 rote Paprika	1 grüne Paprika
200g Parmesan	1 TL Paprika ungarisch
1 TL Zucker	

Zubereitung

Hefe, Zucker und Wasser in den Mixtopf geben. Auf Stufe
3/ 15 Sekunden durchmixen. Jetzt die übrigen Teigzutaten
hinzufügen und 2 Minuten auf Knetstufe bearbeiten. Den
Teig aus den Mixtopf nehmen und nochmals kurz
durchkneten. 20 Minuten gehen lassen. In der
Zwischenzeit den Belag vorbereiten. Dazu den Mixtopf
ausspülen.

Den Mixtopf auf Stufe 5 anstellen und den Mixbecher entfernen. Die Zwiebel in das laufende Messer fallen lassen. Nun die Tomaten, die Gewürze und das Öl hinzugeben. Auf Stufe 5 / 1 Minute durchmixen.
Den Teig ausrollen und auf ein mit Backpapier ausgelegtes Blech legen. Den Inhalt des Mixtopfes auf den Teig streichen.
Die übrigen Zutaten auf die Pizza geben und 30 Minuten bei 180 Grad backen.

Nugget-Mais-Pizza

Zutaten

Teig
400g Mehl	1 Würfel Hefe
1 TL Zucker	200 ml handwarmes Wasser
1 TL Salz	1 EL Olivenöl

Belag
500g Tomaten	1 Zwiebel
1 Dose Mais	40g Olivenöl
angebraten	
200g Nuggets	
gebraten	schwarzer Pfeffer
Salz	250g geriebener Käse

Zubereitung

Hefe, Zucker und Wasser in den Mixtopf geben. Auf Stufe 3/ 15 Sekunden durchmixen. Jetzt die übrigen Teigzutaten hinzufügen und 2 Minuten auf Knetstufe bearbeiten. Den Teig aus den Mixtopf nehmen und nochmals kurz durchkneten. 20 Minuten gehen lassen. In der Zwischenzeit den Belag vorbereiten. Dazu den Mixtopf ausspülen.

Den Mixtopf auf Stufe 5 anstellen und den Mixbecher
entfernen. Die Zwiebel in das laufende Messer fallen
lassen. Nun die Tomaten, die Gewürze und das Öl
hinzugeben. Auf Stufe 5 / 1 Minute durchmixen.
Den Teig ausrollen und auf ein mit Backpapier ausgelegtes
Blech legen. Den Inhalt des Mixtopfes auf den Teig
streichen.
Die übrigen Zutaten auf die Pizza geben und 30 Minuten
bei 180 Grad backen.

Pommes-Pizza

Zutaten
Teig

400g Mehl	1 Würfel Hefe
1 TL Zucker	200 ml handwarmes Wasser
1 TL Salz	1 EL Olivenöl

Belag

500g Tomaten	1 Zwiebel
700g Pommes	
frittiert	40g Olivenöl
1 Tl Paprika	schwarzer Pfeffer
Salz	250g geriebener Käse

Zubereitung
Hefe, Zucker und Wasser in den Mixtopf geben. Auf Stufe
3/ 15 Sekunden durchmixen. Jetzt die übrigen Teigzutaten
hinzufügen und 2 Minuten auf Knetstufe bearbeiten. Den
Teig aus den Mixtopf nehmen und nochmals kurz
durchkneten. 20 Minuten gehen lassen. In der
Zwischenzeit den Belag vorbereiten. Dazu den Mixtopf
ausspülen.
Den Mixtopf auf Stufe 5 anstellen und den Mixbecher
entfernen. Die Zwiebel in das laufende Messer fallen
lassen. Nun die Tomaten, die Gewürze und das Öl
hinzugeben. Auf Stufe 5 / 1 Minute durchmixen.
Den Teig ausrollen und auf ein mit Backpapier ausgelegtes
Blech legen. Den Inhalt des Mixtopfes auf den Teig
streichen.
Die übrigen Zutaten auf die Pizza geben und 30 Minuten
bei 180 Grad backen.

Pizza Alla Napoletana

Zutaten
Teig
400g Mehl	1 Würfel Hefe
180 ml warmes Wasser	1 TL Salz
1 TL Zucker	2 EL Olivenöl

Belag
800g Tomaten	1 TL Basilikum
4 Knoblauchzehen	60g Olivenöl

Zubereitung
Hefe, Zucker und Wasser in den Mixtopf geben. Auf Stufe 5/ 20 Sekunden vermischen. Die übrigen Zutaten für den Teig hinzugeben. Den Teig herausnehmen und in einer bemehlten Schüssel 30 Minuten gehen lassen. In der Zwischenzeit den Mixtopf spülen. Die Knoblauchzehen in den Topf geben und 5 Sekunden/ Stufe 5 zerkleinern. Jetzt die Hälfte der Tomaten und die übrigen Saucen-Zutaten hinzugeben. Auf höchster Stufe 20 Sekunden mischen. Die andere Hälfte der Tomaten in Stücken schneiden. Den Teig ausrollen und auf ein mit Backpapier ausgekleidetes Blech geben. Nun die Sauce darauf verteilen. Die stückigen Tomaten auf die Sauce geben. Das Ganze nun ca. 25 Minuten bei 180 Grad backen.

Herstellung und Verlag:
BoD - Books on Demand, Norderstedt
ISBN 978-3-7357-1908-9

FSC
www.fsc.org

MIX

Papier aus ver-
antwortungsvollen
Quellen
Paper from
responsible sources

FSC® C105338